PERDER EL TIEMPO

ExLibric

VICTORIANO GRANERO

PERDER EL TIEMPO

EXLIBRIC

ANTEQUERA 2020

VICTORIANO GRANERO

PERDER EL TIEMPO

PREFACIO

Este es un libro escrito a mano, anotado en pequeños cuadernos. También se podría decir que escrito a pie y de paso: son *Apuntes de paseo,* cuaderno del que proceden algunos de los poemas.

Apuntes tomados al vuelo en paseos por los puentes del río Guadiana y por el puente romano de Mérida, con sus ánades, garzas, vencejos... que nos dejan, tal vez, su poso de cielo.

«A algunos les gusta la poesía. A algunos, es decir, no a todos. Ni siquiera a los más, sino a los menos». (W. Szymborska). A algunos nos gusta la poesía, y yo escribo poesía, como todo el mundo (*Me llamo Erik Satie, como todo el mundo*). Escribo poesía (y no poesía) por necesidad y por placer: creo que lo he hecho desde siempre.

«Hasta siempre», me dices
fuego eterno tus labios».
Restos de alas, inédito.

Casi todos los poemas que componen este libro son de escritura reciente: tienen fecha, aunque esta no importe demasiado. El orden (o desorden) es más o menos cronológico, siguiendo las estaciones de la memoria. Hay alguno escrito en el siglo pasado que reaparece por aquí, cosas de la edad.

Y, sin nada más que decirte, solo estas pocas palabras para perder el tiempo, indicios o pistas de cómo hemos llegado hasta aquí y ahora.

Victoriano Granero

«Hay un cuadro de Paul Klee llamado *Angelus Novus*. En
este cuadro se representa a un ángel que parece a punto de
alejarse de algo a lo que mira fijamente…»
WALTER BENJAMIN

«Es cierto, como alguien dijo, que en
un mundo sin cielo todo es despedida».
Puerto oscuro, MARK STRAND

«Se acercó diciendo que muchos poetas
vagan por ahí deseando estar vivos otra vez,
dispuestos a decir las palabras que nunca dijeron».
Puerto oscuro, MARK STRAND

«Yo busco —y he hallado— poemas a la orilla del mar,
como se buscan trozos de madera o piedras extrañamente
modeladas y pulidas por las olas».
HENRI THOMAS

«No podemos hacer otra cosa que apilar la leña y dejar
que se seque; se incendiará a su debido tiempo».
GOETHE

«La rosa es sin porqué. Florece porque florece. A ella
misma, no presta atención. No pregunta si se la mira».
ANGELUS SILESIUS

Perder el tiempo
esa nube que pasa
ganar el cielo.

16

Entre las hojas
un mosquito aplastado
haiku inmortal.

En el zaguán
por la puerta entreabierta
reloj de sol.

Este verano
tu ausencia en el patio
huele a geranios.

Piel de carnero
paseo por tu tierra
polvo de rosas.

En la ribera
como pez en el agua
mis pensamientos.

Con su navaja
desollando la liebre
cae la tarde.

Bajo la parra
el verano en cal viva
de las chicharras.

A tiro de piedra
se me esconde la luna
en aquel cerro.

24

Para la fiesta
blanquea la pared
salamanquesa.

Salta la rana
dentro del agua
como si nada.

En otra estación
una mano me espera
para decirme adiós.

¿Tienes lumbre?
me dijo el caminante
y se hizo humo.

Nave de locos
la alcoba de la luna
aúllan los perros.

Obscura la noche
al borde del desierto
firefly or neon lights.

Arde la noche
del bosque transparente
carmín y sombra.

Haiku para Jack Kerouac

Cuántos kilómetros
solo mover un dedo
y cuántos sueños.

Salta la rana
en el agua quieta
te parte la cara.

Al sol tendida
sobre las aulagas
ropa desnuda.

34

Sin dientes aún
no paran de reírse
ya sin dientes.

Matanegra

Tajo de sol
un racimo de uvas
cae al cesto.

Cielo abatido
pájaro o ángel terrible
plumas al viento.

Por un momento
tu cabello desprende
melancolía.

Entre los surcos
la quijada de hierro
desenterrada.

Tierra de nadie
va pisando la mula
restos de guerra.

Campo labrado
amapolas y malvas
en las cunetas.

Ya no te espero
con agua de la fuente
noche de agosto.

42

Hojas de mora
lenta pasa la tarde
ruta de seda.

Fuera en el patio
olvidos y recuerdos
cose mi madre.

Tarde en la tarde
por el cielo revuelan
las golondrinas.

Va la tortuga
despacio despacito
pacito a pacito.

46

Para el combate
no el escudo de Aquiles
sino tu pecho.

Cuelga en la percha
la pelliza mojada
barro en las botas.

48

Por el cielo
lejos de África
los vencejos.

Cuando me miras
te veo cuando me miras
en el espejo.

El viejo estanque
por debajo del agua
nada el silencio.

Fulgor y noche
la chispa de tus ojos
allá en el cielo.

52

Agua que fluye
el mismo río de siempre
piedra desnuda.

Lees mi mano
aguda incisiva
tu mordedura.

54

Salvaje seda
el viento de tu falda
levanta el vuelo.

Viento de otoño

Que en estas hojas
se posen y vuelen
tus pensamientos.

Al caer la tarde
vamos a por cerrajas
para los cerdos.

Paseo por el campo
barro en las botas
humo a lo lejos.

58

Dulce aliento
dolor amarillo
cae la hoja.

Por la pared
deja su huella
recién pintada.

Charco de lluvia
salpicando mis botas
salta la rana.

Dentro de un libro
casi toda una vida
una hoja seca.

Regreso a casa
todo el día en el campo
piso mi sombra.

Por la mañana
como nueva tu cara
mirando al río.

Rama desnuda
en tu mano de nieve
late el invierno.

Chisporrotea
la leña seca al fuego
otro poema.

Blanca la tiza
sobre la piedra negra
traza la cifra.

El viejo pozo
los zapatos las gafas
silencio de agua.

Epigrama

Tan alto el vuelo
tan largo el arte
le llega al suelo.

Nadie lo sabe
el camino de hierro
tus pies descalzos.

Epitafio

Aquí un poeta
tan menor que tan solo
escribió un haiku.

La última huella
esquicio en la arena
borra la mar.

Apuntes de paseo

Por el puente romano
tu nombre escrito en el agua
hoy el río
           huele a mar.

El arte es largo
y sobran las palabras
el verso breve.

Por debajo del puente
          verdea el agua
negra una nutria
          por debajo del agua.

Te comerá los labios
como bellotas
se comerá tus ojos.

76

Depende tanto
de una incólume rosa
bajo la lluvia.

Eu gosto da poesia
náo precisa dizer nada
dos olhos das pessoas.

Templada nieve
en flor de los cerezos
recién llegada
de los valles de Jerte
tal vez desde Oriente.

Sin saber cómo
ni por qué
                una rosa
bajo la luna.

Tina Modotti

Hoz de luna
              obscura rosa
gelatina de plata
              quemada por el sol.

Coda

Sueño a la deriva
              olvido y sal en los labios
limaduras de sol
              islas sin raíces
ni nombre que las conozca
              incierta luz en fuga.

IN NUCE, inédito.

NOTA FINAL

Gracias a Amador Iglesias por su colaboración en la contracubierta, y a María Afonso por su ayuda. La tanka *Templada nieve* es para Raimundo Calle. *Sin saber cómo* es de Raquel Sandes. José Cercas puede escoger cualquier poema de su gusto. Joaquín R. Carballido tiene barra libre. *Va la tortuga* es de Víctor Manuel, *Como tú eras*.

POST SCRIPTUM

La imagen de la portada está inspirada por mi hijo de tres años Víctor Manuel: *dibujitos, dibujitos*. El 23 de marzo de 2020 nació mi hijo Néstor, con este libro bajo el brazo. Desde ese día hay el doble de estrellas en el cielo.